25 Novembre

VENTE

HOTEL DROUOT — SALLE N° 11

Le Lundi 25 Novembre 1907, à 2 h. précises

MEUBLES ANCIENS

Et de Style Louis XV, Louis XVI et Empire

BRONZES ET OBJETS D'ART

GRANDES GLACES ANCIENNES

EN BOIS SCULPTÉ

TABLEAUX ANCIENS ET MODERNES

TAPISSERIE

Mᵉ ORIGET	MM. LAZARD Frères
COMMISSAIRE-PRISEUR	EXPERTS
3, Boulevard Sébastopol, 3	
Succʳ de Mᵉˢ P. FOURNIER & R. d'HOUDAIN	58, rue de la Chaussée-d'Antin

Chez lesquels se distribue le Catalogue

EXPOSITION PUBLIQUE

Le Dimanche 24 Novembre 1907, de 2 heures à 5 heures

PARIS — 1907

IMPRIMERIE MAULDE ET RENOU

MAULDE, DOUMENC & Cⁱᵉ

IMPRIMEURS DE LA COMPAGNIE DES COMMISSAIRES-PRISEURS

Rue de Rivoli, 144

VENTE

HOTEL DROUOT — SALLE N° 11

Le Lundi 25 Novembre 1907, à 2 h. précises

MEUBLES ANCIENS

Et de Style Louis XV, Louis XVI et Empire

BRONZES ET OBJETS D'ART

GRANDES GLACES ANCIENNES

EN BOIS SCULPTÉ

TABLEAUX ANCIENS ET MODERNES

TAPISSERIE

Me ORIGET	MM. LAZARD Frères
COMMISSAIRE-PRISEUR	EXPERTS
3, Boulevard Sébastopol, 3	
Succ^r de Mes P. FOURNIER & R. d'HOUDAIN	58, rue de la Chaussée-d'Antin

Chez lesquels se distribue le Catalogue

EXPOSITION PUBLIQUE

Le Dimanche 24 Novembre 1907, de 2 heures à 5 heures

PARIS — 1907

CONDITIONS DE LA VENTE

Elle sera faite **au comptant.**

Les Adjudicataires paieront **dix pour cent** en sus des enchères.

L'Exposition mettant le public à même de se rendre compte de l'état et de la nature des objets, aucune réclamation ne sera admise une fois **l'adjudication prononcée.**

TABLE

Maulde, Doumenc et Cie, imp. de la Cie des Commissaires-Priseurs, rue de Rivoli, 144.   600—43884

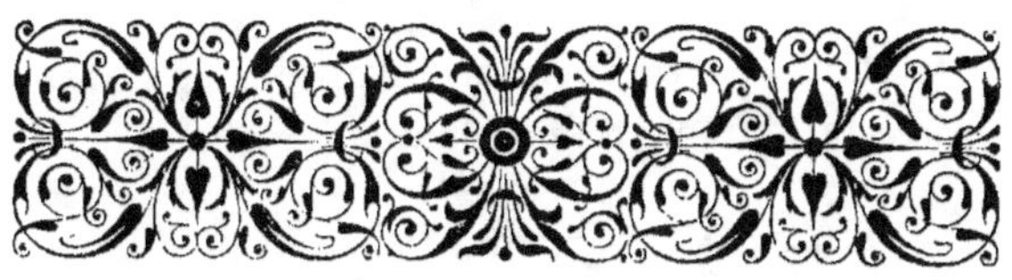

DÉSIGNATION

BRONZES D'ART, D'ÉCLAIRAGE ET PENDULES

1 — Une Statuette en bronze, patine vert foncé, représentant le Mercure de Bologne, sur un socle en marbre jaune de Sienne.

2 — Un petit Buste de Molière, bronze doré, sur socle marbre vert.

3 — Un Encrier bronze et marbre porthor, surmonté d'un petit buste de Voltaire.

4 — Un Coupe-Papier avec son socle en bronze poli.

5 — Un Surtout de Table en cinq parties, fond à glace, entourage en bronze argenté, style Louis XVI.

6 — Un Lustre en bronze doré, de style Louis XVI,
de la Maison Barbedienne.

7 — Un petit Lustre en bronze poli, à 6 lumières
électriques.

8 — Une Lanterne en bronze, de style Louis XVI,
avec lumières intérieures disposées à l'électri-
cité.

9 — Deux Girandoles, de style Louis XVI, por
tant la marque de la Maison Risler et Carré.
à 4 lumières électriques.

10 — Deux petites Girandoles, de style Louis XVI,
en argent, à 2 lumières électriques.

11 — Deux petits Candélabres, socles en marbre
blanc surmontés de statuettes de Femmes en
bronze patine marron portant une torchère de
lumières avec fleurs de lys, style Louis XVI.

12 — Deux Vases en granit serpentine avec garnitures et socles en bronze doré et girandoles
mobiles en bronze en forme de fleurs de lys,
style Louis XVI.

13 — Une Pendulette du 1er Empire.

14 — Une petite Horloge avec contre-poids.

15 — Deux Vases en porcelaine de Chine, mon-
ture de style Louis XV, en bronze doré.

16 — Une Pendule, socle en marbre blanc et bronze doré supportant deux statuettes assises et lisant, en bronze patiné, avec mouvement d'horlogerie surmonté d'un aigle en bronze doré. Commencement de l'époque du 1er Empire.

17 — Une Pendule-Horloge avec socle en marqueterie de cuivre et d'écaille, dite de BOULE, style Louis XIV.

18 — Une grande Horloge-Régulateur avec grand balancier. Ebénisterie en bois de placage de palissandre, très belle ornementation en bronze du commencement de l'époque de Louis XV.

19 — Une Pendule, porcelaine bleue et bronze doré, en forme de lyre, de style Louis XVI.

20 — Une Pendule et deux Candélabres en bronze, de style Louis XVI.

21 — Une Pendule et deux Candélabres en bronze et porcelaine décorée, de style Louis XVI.

22 — Un petit Devant de Feu en bronze, de style Louis XV.

23 — Un grand Lustre orné de statuettes d'Enfants en bronze, de style Louis XVI.

24 — Deux petites Girandoles en bronze à 3 lumières.

25 — Deux Vases en ancien bronze du Japon, avec incrustations de filets d'argent.

26 — Un petit Encrier en bronze doré portant la marque de la Maison DASSON, de style Louis XV.

26 *bis* — Un Plateau porte-cartes en bronze japonais cloisonné.

MEUBLES

27 — Une Commode en bois de rose avec encadrements de palissandre et garnitures de bronze, fin de l'époque Louis XV.

28 — Un Meuble de coin à deux portes, en bois laqué avec décors dorés, garnitures en bronze doré, époque Louis XV.

29 — Un Meuble de coin à une porte en bois de rose, dessus de marbre blanc, époque Louis XVI.

30 — Un Meuble de coin à une porte en bois de rose, dessus de marbre rouge, époque Louis XVI.

31 — Une Commode en acajou ciré, de l'époque Louis XVI, transformée en bahut à deux portes.

32 — Une Chaise à porteurs en vernis Martin, décorée de sujets genre Watteau, intérieur en velours de Gênes grenat, du commencement de l'époque Louis XV.

33 — Un grand Chiffonnier en acajou ciré avec dessus de marbre blanc, époque Louis XVI.

34 — Une Commode acajou ciré, dessus en brèche d'Alep, époque Louis XVI.

35 — Un Écran avec tablette à thé en noyer ciré, de style Louis XVI.

36 — Un Prie-Dieu en noyer ciré à deux portes sculptées dans le style gothique fleuri.

37 — Une petite Table avec galerie en bronze et dessus de marbre blanc, tablette croisillon en marbre blanc, avec tiroir et petite tablette mobile pour écrire en marqueterie de style Louis XVI.

38 — Une petite Commode de style Louis XV.

39 — Une petite Console acajou et bronzes de style Louis XVI.

40 — Une petite Table à ouvrage avec galerie en bronze de style Louis XVI.

41 — Une grande Armoire normande de style Louis XVI.

42 — Une grande Console en bois doré, dessus de marbre blanc, époque Louis XVI.

43 — Un Bureau plat acajou et filets de cuivre, époque Louis XVI.

MARBRES ET PORCELAINES

44 — Une grande Cheminée en marbre blanc, époque Louis XVI.

45 — Un petit Buste de femme en marbre blanc moderne.

46 — Un Plat en porcelaine à décor de fleurettes, époque Louis XVI.

48 — Deux Vases en porcelaine blanche, décorés de fleurs et fruits avec pieds en bronze, époque Louis XVI.

SIÈGES

49 — Une Chaise en noyer ciré, dite chaise percée, fond et dossier cannés, époque Louis XV.

50 -- Deux Chaises dossiers en forme de lyre, peintes en blanc avec filets dorés, époque Louis XVI.

51 — Une Chaise dossier en forme de lyre, peinte en blanc avec filets dorés, époque Louis XVI.

52 — Un Fauteuil bergère, dossier à colonnettes, peint en blanc avec filets or, époque Louis XVI.

53 — Un Fauteuil dossier avec pommes de pin, peint en blanc avec filets or, époque Louis XVI.

54 — Deux Fauteuils peints en blanc avec filets or, époque Louis XVI.

55 — Un Canapé peint en blanc, filets or, époque Louis XVI.

56 — Deux petits Canapés bergères avec coussins en bois sculpté et doré, style Louis XVI.

57 — Trois Fauteuils en noyer ciré, époque Louis XV.

57 *bis* — Trois Fauteuils et un grand Canapé en bois sculpté et peint avec cannage, époque Louis XV.

VÊTEMENTS ANCIENS

58 — Un lot de Vêtements et Chapeaux, époque Directoire.

59 — Un Habit, un Gilet, une Culotte, époque Louis XVI.

60 — Un Habit, un Gilet, une Culotte, époque Louis XVI.

GLACES

61 — Une grande Glace en bois sculpté et doré, de 1 m. 62 × 2 m. 50, époque Louis XVI.

62 — Deux grandes Glaces en bois sculpté et doré, de 1 m. × 2 m. 75, époque Louis XVI.

TAPISSERIES

63 — Une Tapisserie dite verdure, xviiie siècle.

64 — Deux grands Rideaux en tapisserie de Neuilly, style Louis XVI.

64 bis — Une Tapisserie en couleurs à personnages greco-romains.

TABLEAUX

65 — Un Tableau paysage et petits personnages de l'École flamande, du xviiie siècle.

66 — Un Portrait de jeune Fille, signé J.-L. Moderne.

67 — Quatre Gouaches représentant des sujets mythologiques, époque du 1er Empire.

68 — Quatre Gouaches représentant des sujets mythologiques, époque du 1er Empire.

69 — Un Portrait d'Homme, peinture ancienne de la manière de Rembrandt.

70 — Un Tableau : *La Descente de la Croix*

71 — Un Portrait d'Homme, école française du xviiie siècle.

72 — Deux Gravures signées Huet.

73 — Une Sanguine de la manière de Boucher, avec cadre bois doré.

74 — Un Tryptique de panneaux, école italienne, avec encadrement important en bois sculpté.

75 — Un Panneau : *L'Adoration*, école italienne.

76 — Un grand Tableau représentant un Combat gréco-romain,

77 — Deux Portraits d'Homme, ép. Louis XIV.

78 — Un petit Panneau, tête d'Homme.

79 — Un Rouet.

80 — Deux Statuettes en bois.